まちごとインド

# North India 003 Old Delhi
# オールド・デリー
## 旧城に息づく路地と「ざわめき」
### पुरानी दिल्ली

Asia City Guide Production

## 【白地図】北インド

INDIA
北インド

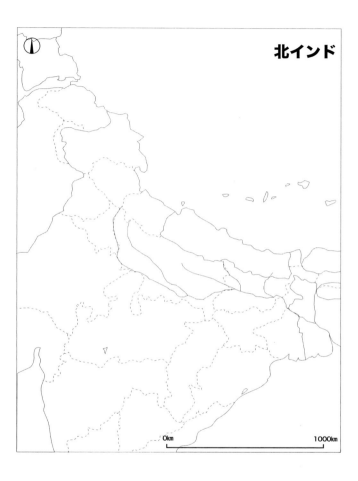

## 【白地図】デリー

INDIA
北インド

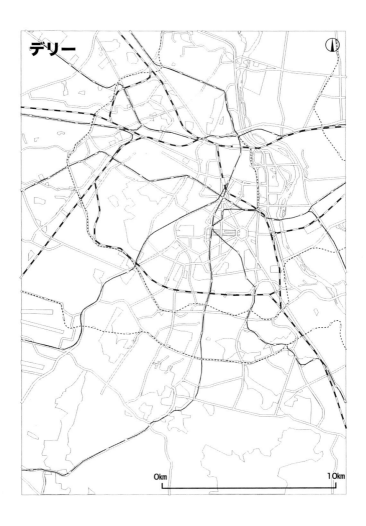

## 【白地図】オールドデリー

**INDIA**
北インド

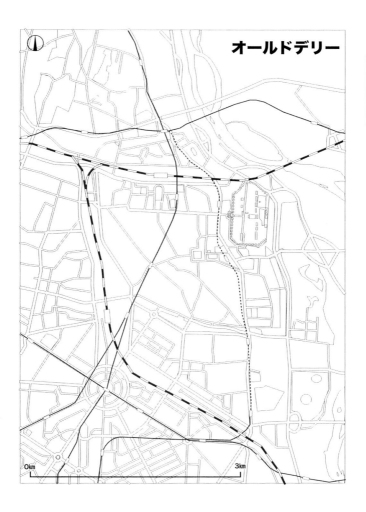

# オールドデリー

Old Delhi

白地図

## 【白地図】ラールキラ

INDIA
北インド

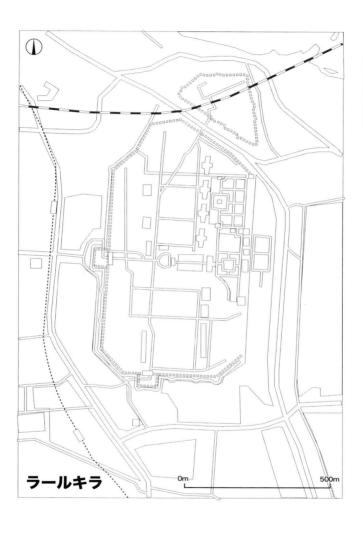

Old Delhi 白地図

ラールキラ

## 【白地図】チャンドニーチョウク

INDIA
北インド

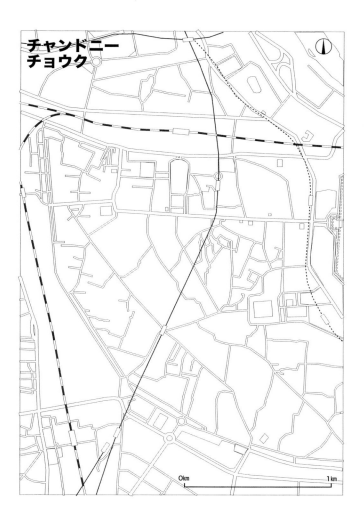

**【白地図】ジャマーマスジッド**

**INDIA**
北インド

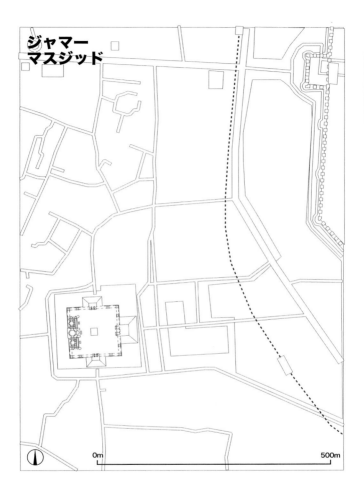

## 【白地図】デリー門

INDIA
北インド

## 【白地図】フィローズシャーコートラ

**INDIA**
北インド

## 【白地図】カシミール門

**INDIA**
北インド

# カシミール門

Old Delhi 白地図

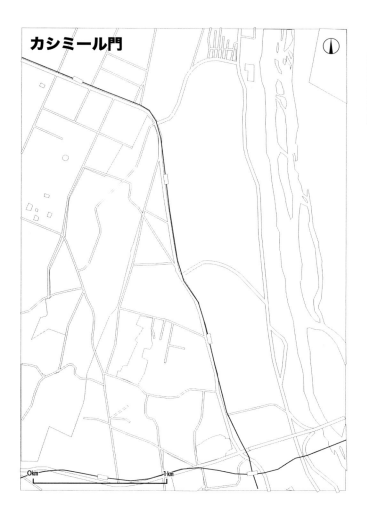

**INDIA**
北インド

【まちごとインド】
北インド 001 はじめての北インド
北インド 002 はじめてのデリー
**北インド 003 オールド・デリー**
北インド 004 ニュー・デリー
北インド 005 南デリー
北インド 012 アーグラ
北インド 013 ファテープル・シークリー
北インド 014 バラナシ
北インド 015 サールナート
北インド 022 カージュラホ
北インド 032 アムリトサル

ム ガル帝国の王城（シャー・ジャハナーバード）として、17世紀、ジャムナ河の西岸に築かれたオールド・デリー。「七度の都」という名前をもち、歴史を通じてデリーに各王朝の都がおかれてきたが、ムガル帝国の王城ではジャムナ河の水利が利用でき、なおかつ雨季に氾濫が起きない西側の地が選ばれた。

　ムガル宮廷がおかれたラール・キラ、そこから西に一直線に伸びる目抜き通りのチャンドニー・チョウク。積みあげられた香辛料や衣類、雑貨がならぶなか、牛が悠然と歩を進め

# Old Delhi
オールド・デリー
पुरानी दिल्ली

るといった姿も見られ、街は古い城下町の面影を残している。

　かつてムガル皇帝が君臨したこの都も、1857年に起こったインド大反乱を機に支配者がイギリスへと交代した。この都の南に新しいデリー（ニュー・デリー）が築かれ、シャー・ジャハナーバードはオールド・デリーと呼ばれるようになって今にいたる。

# 【まちごとインド】
# 北インド 003 オールド・デリー

## 目次

| | |
|---|---|
| オールド・デリー | xx |
| 喧騒と宮廷文化が残る街 | xxvi |
| ラールキラ鑑賞案内 | xxxiv |
| チャンドニーチョウク城市案内 | xlvii |
| ジャマーマスジッド鑑賞案内 | lx |
| デリー門城市案内 | lxx |
| カシミール門城市案内 | lxxxvi |
| 移りゆく権力と赤砂の城砦 | xciv |

**【MEMO】**

## 【地図】北インド

**INDIA**
北インド

# 喧騒と宮廷文化が残る街

**INDIA 北インド**

ジャムナ河畔に位置するオールド・デリー
それは周囲に城壁をめぐらせた扇形のムガル旧城
古い街並みを残す路地が続く

### オールド・デリーのはじまり

現在のオールド・デリーは、17世紀にムガル帝国第5代シャー・ジャハーン帝が主要都市アーグラとラホール、アジメールを結ぶ地に築いたシャー・ジャハナーバードをはじまりとする。デリーでは少数のムガル（イスラム教徒）が住民の大多数を占めるヒンドゥー教徒を統治するという状況が19世紀まで続いた。そのためヒンディー語にペルシャやアラビアの語彙がまじって発展したウルドゥー語（パキスタンの公用語）、ムガル帝国の宮廷料理として発展したタンドリーチキン、キーマカレーなどの料理（ヒンドゥー教徒は動物性

## 【MEMO】

Old Delhi 喧騒と宮廷文化が残る街

## 【地図】デリー

### 【地図】デリーの [★★★]
- [ ] ラール・キラ Lal Qila

### 【地図】デリーの [★☆☆]
- [ ] チベット人居住区 Majnu Ka Tilla

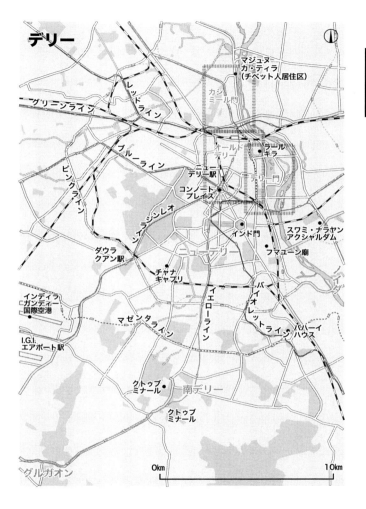

Old Delhi 喧騒と宮廷文化が残る街

INDIA
北インド

タンパク質をあまりとらない）がデリーの文化として残ることになった。

### オールド・デリーの構成

扇型のプランをもつオールド・デリーの頂点に宮殿が築かれ、そこから帝国の主要都市ラホールに向かって道路チャンドニー・チョウクが整備された。周囲に城壁をめぐらせた街なかにはバザールや人々の住居、礼拝のためのモスク、キャラバン・サライなどが配置された（城壁は現在、とり除かれほとんど残っていない）。城内と城外をわける城門は、北の

# シャージャハナーバード
(17世紀のオールド・デリー)

Old Delhi 喧騒と宮廷文化が残る街

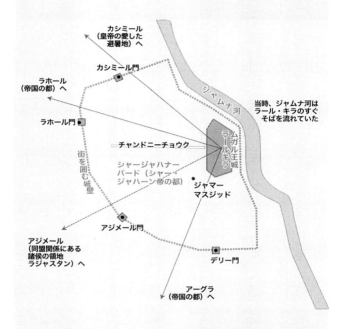

『シャージャハーナバードの都市のパターン』
(飯塚キヨ /SD) 掲載図をもとに作成

**INDIA**
北インド

カシミール門、西のラホール門、南西のアジメール門というように名前がつけられ、それぞれ帝国の主要都市に向かって街道が伸びていた。南側のデリー門がオールド・デリーとニュー・デリーを結んだほか、トルコマン門は13世紀にこの近くで庵を結んでいたイスラム聖者シャー・トゥルコマーンに由来するという。

### 4つの言葉、3種類の文字

オールド・デリーを彩る看板では、ヒンディー語の「デーヴァナーガリー文字」、英語の「アルファベット」、ウルドゥー語

▲左　ジャマー・マスジット近くの人気カレー店カリーム・ホテル　▲右　ムガル帝国時代以来の伝統をもつチャンドニー・チョウク

の「アラビア文字」といった3種類の文字が確認できる。これらの文字は北インドの多くを占めるヒンディー話者、中世以来統治者にあったイスラム教徒のウルドゥー話者、近代インドを植民地化したイギリスという3つの要素を伝えている（デリーという地名は、ウルドゥー語でインド各地への「門」を意味する）。またデリーでは、パキスタンへ続くパンジャーブ州地方の言葉パンジャーブ語も話されているため、ヒンディー語、ウルドゥー語、パンジャーブ語、英語の4つの言葉が交通表記に併記されている。

Old Delhi　喧騒と宮廷文化が残る街

# Guide, Lal Qila
# ラールキラ
# 鑑賞案内

INDIA
北インド

タージ・マハル造営で知られるシャー・ジャハーン帝
その後世、アーグラ城に代わる都として造営された
ジャムナ河畔に立つ赤砂岩の城塞

## लाल किला；ラール・キラ Lal Qila ［★★★］

扇状に広がるオールド・デリーの要に位置するムガル王城ラール・キラ。第5代シャー・ジャハーン帝の時代、南アジア全域に広がった領土を統括するのにふさわしい宮廷として造営された。1648年の完成から200年にわたってムガル王族が暮らし、「至高の陣営」と呼ばれて地上の天国にもたとえられていた（17世紀、ムガル帝国の富や繁栄は、インドのみならずヨーロッパにまで響き、各国の使節や商人がデリーを訪れていた）。サリームガル城塞とともに世界遺産にも登録されている。赤砂岩をもちいて造営されているところ

Old Delhi | ラールキラ鑑賞案内

から、「赤い城」という意味の名前をもち、イギリス統治時代に英語でレッド・フォート（赤い城）と呼ばれていた。

## लाहोरी गेट ; ラホール門 Lahore Gate ［★★☆］

ラール・キラの正門にあたるラホール門。この門で独立式典が行なわれるなど、政治家が民衆に語りかける象徴的な意味あいをもつ門となっている。

## 【地図】オールドデリー

### 【地図】オールドデリーの [★★★]
- [ ] ラール・キラ Lal Qila
- [ ] チャンドニー・チョウク Chandni Chowk
- [ ] ジャマー・マスジッド Jamma Masjid

### 【地図】オールドデリーの [★★☆]
- [ ] サリムガル城塞 Salimgarh Fort
- [ ] ラージ・ガート Raj Ghat

### 【地図】オールドデリーの [★☆☆]
- [ ] ガンジー記念館 Gandhi Memorial Museum
- [ ] カシミール門 Kashimir Gate

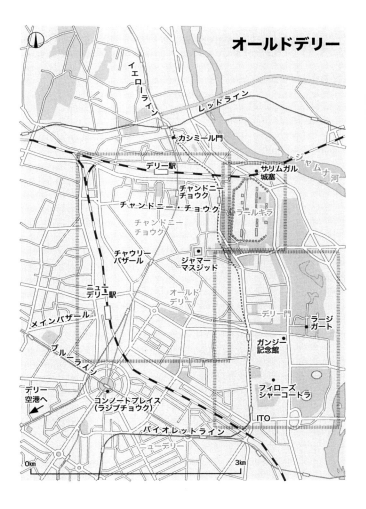

## 【地図】ラールキラ

### 【地図】ラールキラの [★★★]
- [ ] ラール・キラ Lal Qila
- [ ] チャンドニー・チョウク Chandni Chowk

### 【地図】ラールキラの [★★☆]
- [ ] ラホール門 Lahore Gate
- [ ] ディワーネ・アーム（公的謁見殿）Diwan-e Am
- [ ] ディワーネ・カース（私的謁見殿）Diwan-e Khas
- [ ] サリムガル城塞 Salimgarh Fort

### 【地図】ラールキラの [★☆☆]
- [ ] ラング・マハル Rang Mahal
- [ ] タスビー・カーナ Tasbih-Khana
- [ ] モティ・マスジッド Moti Masjid
- [ ] チャハール・バーグ Chahar Bagh
- [ ] シャーヒー・ブルジ Shahi Burj
- [ ] ムムターズ・マハル Mumtaz Mahal
- [ ] スネーリ・マスジッド Sunehri Masjid
- [ ] ジャムナ河 Jamuna River

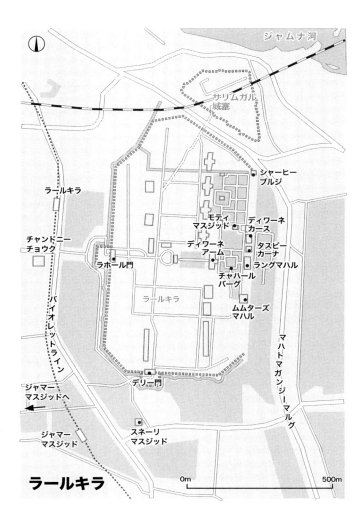

## INDIA
北インド

### दीवान-ए-आम；
### ディワーネ・アーム（公的謁見殿）Diwan-e Am ［★★☆］

歴代ムガル皇帝が臣下と謁見を行なったディワーネ・アーム。謁見は毎朝行なわれ、らくだや象のパレードが見られた（死刑の執行もなされたという）。

### रंगमहल；ラング・マハル Rang Mahal ［★☆☆］

ムガル皇帝の第一夫人が暮らしたラング・マハル。第一夫人は宦官とともに後宮をとり仕切る立場にあり、当時、壁面に装飾がほどこされ、「彩りの間」と呼ばれていた。

▲左 世界遺産にも指定されているラール・キラ（ラホール門）。　▲右 ラホール門を抜けたところには露店がならぶ

## दीवान-ए-खास；タスビー・カーナ Tasbih-Khana ［★☆☆］

ディワーネ・カースとラング・マハルのあいだに位置するタスビー・カーナ（この3つをあわせてカース・マハルと呼ばれる）。皇帝たちが私的な生活を送ったところで、白大理石の壁面には美しい装飾がほどこされている。

## दीवान-ए-खास；
## ディワーネ・カース（私的謁見殿）Diwan-e Khas ［★★☆］

ムガル皇帝が皇帝の執務をとり、夜の晩餐が行なわれたディワーネ・カース。白大理石の美しいの宮殿には「もし地上に

*Old Delhi* ラールキラ鑑賞案内

## INDIA
北インド

天国ありとせば、そはこれなり、そはこれなり、そはこれなり」というペルシャ語の文言が残る。ムガル時代はサファイア、ルビー、エメラルドなどの宝石で飾られた皇帝が坐する「孔雀の玉座」があったが、1739年、ペルシャのナーディル・シャーに略奪され、現在はイランの博物館に保管されている。

### मोती मस्जिद ; モティ・マスジッド Moti Masjid ［★☆☆］
「真珠のモスク」の名で知られる白大理石製のモティ・モスク。ラール・キラで暮らすムガル王族専用の礼拝所だった。1659年、敬虔なイスラム教徒であった第6代アウラングゼーブ帝

▲左 白大理石製のモティ・マスジッド。 ▲右 ディワーネ・アームは皇帝が人々に謁見した場所

によって建立された。

## चार-बाग；チャハール・バーグ Chahar Bagh ［★☆☆］

十字型の水路で四分割されたペルシャ様式の庭園チャハール・バーグ。そこでは『コーラン』で示された楽園が表現されていて、初代バーブル帝の時代から、ムガル庭園ではかかせない様式となった。

**INDIA**
北インド

## शाह बुर्ज ; シャーヒー・ブルジ Shahi Burj ［★☆☆］

ラール・キラの北東に立つ八角形の塔シャーヒー・ブルジ。シャー・ジャハーン帝の執務室がおかれ、皇帝の側近が呼ばれて重要な会議が行なわれたという。ムガル帝国の時代、この塔のすぐ東側にジャムナ河の流れていた。

## मुमताज़ महल ; ムムターズ・マハル Mumtaz Mahal ［★☆☆］

ムガル宮廷に仕える女性が暮らした宮殿。タージ・マハルに眠るムムターズ・マハルに由来する。現在は博物館となっていて、ムガル芸術や装飾品の展示が見られる。

## सलीमगढ़ फोर्ट ; サリムガル城塞 Salimgarh Fort ［★★☆］

ラール・キラ北側、ジャムナ河に臨むサリムガル城塞。16世紀、中世インドを支配したスール朝のイスラム・シャーがムガル帝国の反撃を恐れてここに要塞を築いたことではじまった（いったんムガルからインドの覇権を奪っていたが、ムガル第2代フマユーン帝がスール朝を破ってデリーの主となった）。第6代アウラングゼーブ帝の時代には牢獄として利用されていたという。現在、ラール・キラとともに世界遺産に指定されていて、城内は博物館となっている。

**Guide,
Chandni Chowk**

# チャンドニーチョウク城市案内

香辛料が積みあげられたバザール
行き交うリキシャや客引き
人々の営みは絶えることがない

### चाँदनी चौक;チャンドニー・チョウク Chandni Chowk [★★★]

かつてのムガル王城ラール・キラから西に向かってまっすぐ伸びるチャンドニー・チョウク。ムガル帝国時代、この街の建設にあたって、目抜き通りとして用意され、長さは1.4kmになる。ムガル帝国時代からの伝統を受け継ぐ通りには、金銀細工や雑貨、宝石を売る店などがひしめいていて、チャンドニーとは「月光」を意味し、この通りにある八角形の広場チャンドニー・チョウク（「月光の市場」）に由来する。商人や買い物客でにぎわうデリーを代表する通りとして下町の風情を今に伝えている。

## INDIA
北インド

### リキシャとは

デリーの街を走るリキシャは、明治時代の日本で生まれ、上海からアジア各地に広まった人力車を源流とする。かつては車夫（リキシャワーラー）が実際に二輪車を引いていたが、1940年代に自転車を使ったサイクル・リキシャがデリーに登場し、やがてオート・リキシャへと発展を遂げた。細い路地に多くの人や動物を行き交うインドにあって、リキシャは少しの距離から手軽に乗れる乗りものとして重宝されている。

**【MEMO】**

## 【地図】チャンドニーチョウク

### 【地図】チャンドニーチョウクの [★★★]
- [ ] チャンドニー・チョウク Chandni Chowk
- [ ] ジャマー・マスジッド Jamma Masjid
- [ ] ラール・キラ Lal Qila

### 【地図】チャンドニーチョウクの [★★☆]
- [ ] ラホール門 Lahore Gate

### 【地図】チャンドニーチョウクの [★☆☆]
- [ ] ジャイナ教寺院 Jain Temple
- [ ] グルドワーラー（シク教寺院）Gurdwara
- [ ] ファティープル・モスク Fatehupuri Masjid
- [ ] カリ・バオリ Khari Baoli
- [ ] カシミール門 Kashimir Gate

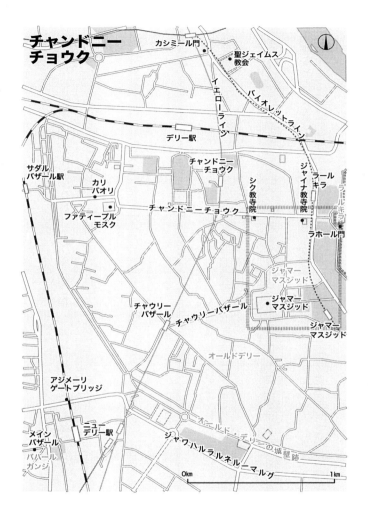

**INDIA**
北インド

### さまざまな宗教が混在

ファテープル・モスクがラール・キラと向き合うように西端に立つほか、チャンドニー・チョウク沿いにはさまざまな宗教の混在するインドを象徴するようにジャイナ教寺院、シク教寺院も見られる。ジャイナ教は仏教と同じ紀元前5世紀ごろにガンジス河中流域で生まれたインド固有の宗教で、非暴力、無所有などを柱として2500年に渡って持続してきた。一方、グル・ナナク(1469～1538年)を開祖とするシク教は、ヒンドゥー教とイスラム教を融合して生まれ、ターバン姿の男性で知られる。

▲左 遠くにラール・キラが見える、チャンドニー・チョウクにて。　▲右 道端では野菜が売られていた

## インド人の生活ぶりを映すバザール

チャンドニー・チョウク近くにはいくつものバザールが走っていて、バザールごとにとり扱う品に特徴がある。花がならぶフゥルキマンディ・バザール、宝石、貴金属を扱うジョウリィ・バザールのほかにも、刺繍入りのサリーや綿製品などインド人の生活にかかせないものがならぶ。道端の物売り、積みあげられた香辛料、交差点で待つリキシャ、客引き、喜捨をねだる人、そのあいまをゆっくりと牛が進むというような風景が広がる。

## INDIA
北インド

### जैन मंदिर；ジャイナ教寺院 Jain Temple ［★☆☆］

ラール・キラ近くに立つジャイナ教空衣派の寺院。ジャイナ教は仏教とともに古代インドで成立した宗教で、不殺生や無所有などの教義をもつ。信徒はインド全人口の 0.5% に過ぎないが、信者間の連帯が強く、商業でも成功している人が多い。空衣派（裸形派）は無所有の考えを突きつめたことから、一糸まとわぬ裸で生活していたが、中世のイスラム教徒の侵入以降、公的にはそれが禁止された。

▲左 ヒンドゥー教やジャイナ教、さまざまな宗教が混在する。　▲右 猛烈な量の荷物が運ばれる

# गुरुद्वारा;グルドワーラー（シク教寺院）Gurdwara [★☆☆]

グルドワーラーはヒンドゥー教とイスラム教を融合したシク教の寺院で、第9代グルが1675年、アウラングゼーブ帝に処刑された場所に立つ。18〜19世紀にかけてムガル帝国が衰退すると、パンジャーブからシク教徒がデリーへ進出し、チャンドニー・チョウクにシク教寺院を建立した。金色の屋根をもつ寺院ではシク教の聖典『グル・グラント・サーヒブ』が読まれ、シク教徒が訪れている。

**INDIA**
北インド

### グルの殉死

ムガル帝国全盛期には異なる宗教の融和策がとられていたが、第6代アウラングゼーブ帝は熱心なスンニ派イスラム教徒でシク教は弾圧の対象になった。皇帝はシク教の指導者第9代グル・テーグ・バハードゥルの前で「イスラム教に改宗すればどんな願いでも叶えよう」と迫ったがグルはその要求をこばんだ。アウラングゼーブ帝は彼の目の前で弟子を拷問し、さらにグルをも拷問したが、自らの信仰を曲げることなく、殉死することになった。第9代グルの死は、続く第10代グル・ゴーヴィンド・シング時代にシク教徒が武装化し、

▲左　黄金に輝くドームはシク教寺院。　▲右　チャンドニー・チョウクの西端に位置するファティープル・モスク

やがて彼ら自身の国家をつくることにつながっていった。

# फ़तेहपुरी मस्जिद ;
## ファティープル・モスク Fatehupuri Masjid ［★☆☆］

チャンドニー・チョウクの西端にラール・キラと向かいあうように立つファティープル・モスク。1650年、シャー・ジャハーン帝の妃のひとりファテプリ・ベガムによって建てられた。チャンドニー・チョウクはこの門で折れて通りの名前を変え、道は西へ伸びている。

**INDIA**
北インド

## खारी बावली ; カリ・バオリ Khari Baoli ［★☆☆］

カリ・バオリはチャンドニー・チョウクの西側に走る問屋街で、ターメリックやカルダモン、胡椒などのスパイス、穀物、お茶など各種のマーケットがならぶ。南アジア最大規模のスパイス・マーケットとして知られ、多くの荷物を載せた車が行き交い、1日中奥の人でにぎわう。

# Guide, Jamma Masjid
# ジャマーマスジッド鑑賞案内

INDIA
北インド

インド最大規模をほこるジャマー・マスジッド
巨大なドームをならべるその威容
傑作のムガル建築

### जामा मस्जिद;
### ジャマー・マスジッド Jamma Masjid ［★★★］

オールド・デリーのほぼ中央、高さ10m弱の小高い丘にそびえるジャマー・マスジッド。この地にムガル帝国の新たな都を造営したシャー・ジャハーン帝の命で1644年に着工し、完成するまでに14年のときを要した（イスラム教徒であったムガルにとってモスクは一番に必要なものだった）。王城ラール・キラと向きあうように建ち、赤砂岩の本体に白大理石製のドームが3つ載るムガル建築様式をもつ。礼拝堂は幅60m、奥行き36mでその前面の中庭では2万5000人が集団

## 【MEMO】

## 【地図】ジャマーマスジッド

### 【地図】ジャマーマスジッドの [★★★]
- [ ] ジャマー・マスジッド Jamma Masjid
- [ ] チャンドニー・チョウク Chandni Chowk
- [ ] ラール・キラ Lal Qila

### 【地図】ジャマーマスジッドの [★★☆]
- [ ] ラホール門 Lahore Gate

### 【地図】ジャマーマスジッドの [★☆☆]
- [ ] ウルドゥー・バザール Urdu Bazar
- [ ] ミーナ・バザール Meena Bazar
- [ ] グルドワーラー（シク教寺院）Gurdwara

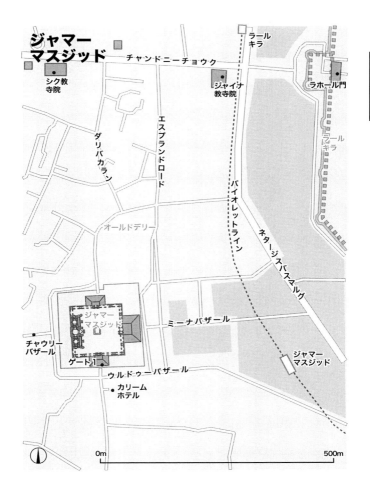

## INDIA
北インド

礼拝を行なえる。またミナレット上部にあがることができ、そこからオールド・デリーの街が一望できる。モスクへ向かって三方向に石段が伸びていて、礼拝へ向かうイスラム教徒や談笑する人々の姿がある。

### 連なる白大理石のドーム

ジャマー・マスジッドの象徴とも言える3つならんだ白大理石製のドーム。天空に浮かぶたまねぎ型のドームでは、レンガを積みあげて互いに力を押しあうことで保つという技法がもちいられている（古代ペルシャで育まれた）。

▲左　ジャマー・マスジッドはインドでも最大規模のモスク。　▲右　祈る人、モスクは神聖な空間

### 内部へ誘うイワン

モスク入口と礼拝堂への入口に備えられたイワン。外部から内部へ空間をつなぐ門の役割を果たしている。この様式はモスクのほか宮殿などイスラム世界で広く見られる。

### 本体脇にそびえるミナレット

モスク本体（礼拝堂）の左右にそびえる高さ39mのミナレット。ここからは礼拝への呼びかけを行なうアザーンが流れるほか、モスク建築の装飾的な要素もある。

## INDIA
北インド

### 聖地メッカを示すミフラーブ

ミフラーブは聖地メッカへの方角を示す印で、イスラム教徒は1日に5回、メッカに向かった礼拝を行なう。モスクの中心的な存在となっている。

### 超巨大建築の登場

12世紀、奴隷王朝がイスラム勢力としてはじめてデリーで支配体制を整えて以降、この街にはモスクや宮殿などのイスラム建築が建てられるようになった（南デリーのクトゥブ・ミナールなど）。こうしたそれまでのイスラム建築とムガル

▲左 オールド・デリーの雑踏のなかに立つ。　▲右 均整のとれた左右対称の美を見せる

建築が違うところは、ジャマー・マスジッドやタージ・マハルで見られるようにその巨大さと赤砂岩と白大理石をもちいた重厚さにあるという。これらの建築様式はペルシャで発展したもので、ムガルによる支配とともにインドにも広まった。17世紀、ムガル宮廷を訪れたフランス人ベルニエは、当時のヨーロッパ人の常識とは大きく違う建築ジャマー・マスジッドを「全て実に当を得た、統一の取れた、釣り合いの良いもの」と記している。

**INDIA**
北インド

▲左　空き地を利用したミーナ・バザール。　▲右　ウルドゥー・バザールでは、中世以来のイスラムの伝統が残る

## उर्दू बाज़ार ; ウルドゥー・バザール Urdu Bazar ［★☆☆］

ジャマー・マスジッドの南に広がるウルドゥー・バザール。ムガル帝国時代以前からの伝統をもつウルドゥー語（パキスタンの公用語）の書籍、またヒンドゥー教徒が食べない牛肉料理を出す店などがならぶ。ウルドゥーとは「軍営地」を意味し、このあたりはインド・イスラム文化を今に伝えている。

## मीना बाज़ार ; ミーナ・バザール Meena Bazar ［★☆☆］

ジャマー・マスジットの東側に位置するミーナ・バザール。日用雑貨や衣服などが売られる青空市場となっている。

# Guide, Delhi Gate
# デリー門
## 城市案内

INDIA
北インド

オールド・デリー南東に立つデリー門
この近くでガンジーやネルーが荼毘にふされ
現在もその記念碑が残っている

### दिल्ली गेट ; デリー門 Delhi Gate ［★☆☆］

オールド・デリーの南東部に残るデリー門。ムガル帝国時代、城壁で囲まれていたシャー・ジャハナーバードの南東門にあたり、ここから街道がアーグラへと伸びていた。

### दरियागंज ; ダリヤ・ガンジ Darya Ganj ［★☆☆］

デリー門近くのオールド・デリー城内に位置するダリヤ・ガンジ。ジャムナ河畔に近くにあったことから「川の市場」を意味するこの名前がとられた。出版社や書店が集う本の街という顔をもち、古本や新本がならぶ市場も開催される。

## सुनहरी मस्जिद ;
### स्नेーリ・マスジッド Sunehri Masjid ［★☆☆］

ラール・キラの南に立つスネーリ・マスジッド。18世紀、ペルシャから侵入したナーディル・シャーは、デリーで略奪を行ない、その様子をこのモスクの上部から眺めていたと伝えられる。このときムガル帝国の至宝である「孔雀の玉座」や「コーヘ・ヌール（ダイヤモンド）」が奪われている。

### राज घाट ; ラージ・ガート Raj Ghat ［★★☆］

ジャムナ河に臨むラージ・ガートは、「インド独立の父」ガ

INDIA
北インド

ンジーが過激派のヒンドゥー教徒に暗殺された後、茶毘にふされたところで、現在は静かな公園になっている。園内には黒大理石製の四角いモニュメントがおかれ、ガンジーを慕う人々による献花がたえない。イギリス領のインドは、1947年にインドと「イスラム教徒のインド」パキスタンに分離独立するが、ガンジーは指導者として独立を牽引し、現在でもインドの紙幣に描かれるなど尊敬を集めている。

### インドを独立に導いたガンジー

1869年、西インドに生まれたガンジーは、19歳のときにイ

# 【MEMO】

Old Delhi デリー門城市案内

**【地図】デリー門**

## 【地図】デリー門の [★★★]
- [ ] ジャマー・マスジッド Jamma Masjid
- [ ] チャンドニー・チョウク Chandni Chowk
- [ ] ラール・キラ Lal Qila

## 【地図】デリー門の [★★☆]
- [ ] ラージ・ガート Raj Ghat

## 【地図】デリー門の [★☆☆]
- [ ] デリー門 Delhi Gate
- [ ] ダリヤ・ガンジ Darya Ganj
- [ ] ガンジー記念館 Gandhi Memorial Museum
- [ ] スネーリ・マスジッド Sunehri Masjid
- [ ] ジャムナ河 Jamuna River
- [ ] フィローズ・シャー・コートラ Firoz Shah Kotla

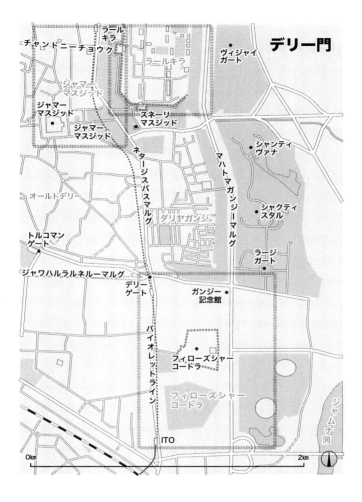

## INDIA
北インド

ギリスへ留学し、弁護士となってインドへ帰国した。その後、仕事で南アフリカを訪れたとき、インド人は歩道を歩けない、決められた車両に乗らなくてはならないといった現実を目のあたりにして、インド人の権利を守る運動をはじめた。インド帰国後、「塩の行進（イギリスに独占されていた塩の製造をインド人の手でつくる）」「糸車をまわして綿をつむぐ（インド綿イギリス綿製品の不買運動）」というように非暴力、不服従をかかげて、インド独立運動を行なった。ガンジーの思想は現代でも多くの人々の共感を呼び、インドではバブー（父）という愛称で親しまれている。

▲左 サイクル・リキシャで通学する子どもたち。 ▲右 シャー・ジャハナーバードの南東城壁におかれていたデリー門

## गांधी म्यूज़ियम;ガンジー記念館 Gandhi Memorial Museum [★☆☆]

ラージ・ガートのはす向かいに立つガンジー記念館。南アフリカ時代、インド帰国後の運動から独立にいたるまでのガンジーの生涯が展示で解説されている。またゆかりの品々がならび、ガンジーの殺害に使われた拳銃もある。

### インド近現代史をたどる

オールド・デリーの東側には、ガンジーやネルーなどインドの近現代史を牽引した人々にちなむ記念碑などが集中している。ガンジーの意思をついだ初代首相ネルーが荼毘にふされ

## INDIA
### 北インド

たシャンティ・ヴァナ、その娘で首相となったインディラ・ガンディーが茶毘にふされたシャクティ・スタル、母で首相だったインディラが暗殺された夜に第9代首相に就任したラジブ・ガンディー記念館が残る。インディラとラジブは暗殺による死という不幸を負うことになったが、ネルーから親子3代、半世紀にわたってインドの指導的な立場にあったことから、この一族の統治をさしてネルー王朝と呼ばれる。またシャンティ・ヴァナの北側にはネルー死後の1964年から第2代インド首相をつとめたシャストリが茶毘にふされたヴィジャイ・ガートが位置する。

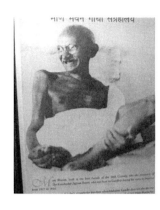

▲左　ガンジーの最後の言葉「ヘイ・ラーム（ああ、神よ）」、ラージガートにて。
▲右　ガンジーは非暴力でインドを独立に導いた

## यमुना नदी ; ジャムナ河 Jamuna River ［★☆☆］

デリーのそばを流れてガンジス河に合流するジャムナ河。ガンジス河とならんで北インドを潤し、その聖性もガンジス河に準ずるという。デリーはこのジャムナ河による水利と恵みによって発展してきた街で、ヒンドゥー教ではジャムナ女神として神格化されている。オールド・デリー（シャー・ジャハナーバード）の造営にあたってはジャムナ河の雨季の氾濫にも耐えられる場所が選定されるなど、この河の流れはデリーの繁栄を左右するものだった。

## 【MEMO】

**INDIA**
北インド

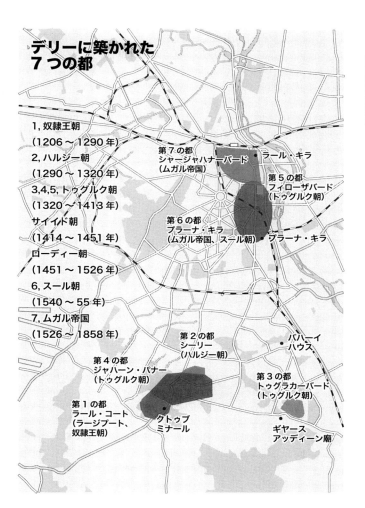

## 【地図】フィローズシャーコートラ

### 【地図】フィローズシャーコートラの [★★☆]
- [ ] ラージ・ガート Raj Ghat

### 【地図】フィローズシャーコートラの [★☆☆]
- [ ] フィローズ・シャー・コートラ Firoz Shah Kotla
- [ ] アショカ王の石柱 Asoka Pillar
- [ ] ガンジー記念館 Gandhi Memorial Museum
- [ ] デリー門 Delhi Gate

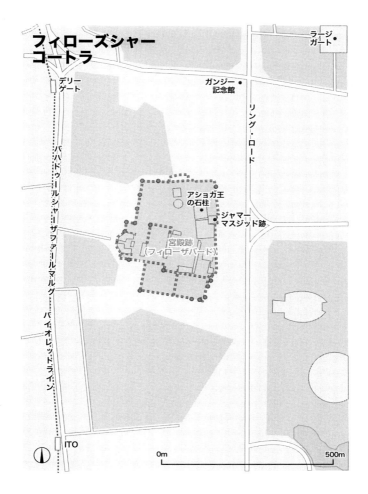

## INDIA
北インド

### फिरोज़ शाह कोटला ;
### フィローズ・シャー・コートラ Firoz Shah Kotla ［★☆☆］

フィローズ・シャー・コートラは、14世紀、ムガル帝国に先んずるデリー・サルタナット朝（トゥグルク朝）の宮廷があったところで、宮殿やモスク、井戸などの遺跡が残っている。この宮廷を造営したフィローズ・シャーは、中世屈指の名君とたたえられる（先代のムハンマドが都をダウラタバードに遷すなど、デリーは混乱していた）。都フィローザバードが造営され、学校、宮殿、病院など多くの建築が建てられた。都はフィローズ・シャー・コートラを宮廷とし、広大な地域に及んでいたと考えられている。

▲左　フィローズ・シャー・コートラに立つアショカ王の石柱。　▲右　オールド・デリーではさまざまな文字の看板が見られる

## अशोक स्तंभ；アショカ王の石柱 Asoka Pillar ［★☆☆］

フィローズ・シャー・コートラに残るアショカ王の石柱。「法の王」という名前で知られる、古代インドの名君マウリヤ朝のアショカ王。紀元前3世紀に今のインドよりも大きな版図を支配下におき、人々が生きる指針を刻んだ石碑が南インドからアフガニスタンに及ぶ広い地域で確認されている（バラナシ南のチュナールで制作され、ガンジス河やジャムナ河の水利を使って運ばれた）。現在、デリーにあるアショカ王の石柱は、フィローズ・シャーによってメーラト近く（デリーの北に位置する）にあったものがここに運ばれてきた。

Guide,
Kashimir Gate
# カシミール門
# 城市案内

**INDIA**
北インド

オールド・デリーの北門だったカシミール門
ジャムナ河の流れのほとりには
チベット人居住区も見られる

## कश्मीरी गेट ; カシミール門 Kashimir Gate ［★☆☆］

オールド・デリーの北側カシミールの方角に立つカシミール門（第4代ジャハンギール帝はじめ歴代ムガル皇帝はカシミールを愛し、いくどともなく巡幸に訪れている）。1857年のインド大反乱のときにこの門付近で激戦があり、その傷跡が残るほか、この近くはイギリス軍の駐屯地となったところで、周囲には反乱鎮圧記念碑、聖ジェイムズ教会、裁判所などがもうけられた。

## 【MEMO】

## 【地図】カシミール門

### 【地図】カシミール門の [★☆☆]

- ☐ カシミール門 Kashimir Gate
- ☐ グランド・トランク・ロード Grand Trunk Road
- ☐ チベット人居住区 Majnu Ka Tilla
- ☐ ジャムナ河 Jamuna River

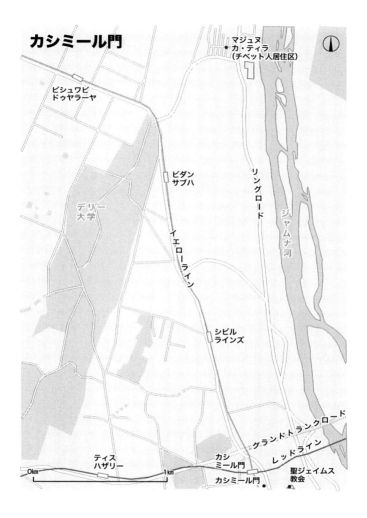

### イギリス統治とダルバール

ヴィクトリア女王がインド皇帝になることを宣言されるなど、厳かなダルバール（謁見）が行なわれたことを記念するコロネーション公園。ダルバールにあたってはインド中の藩王が集められ、1877年、1903年、1911年の三度にわたってイギリス統治の式典が行なわれた。1911年のダルバールでは、ジョージ5世のインド皇帝への即位とデリー遷都が宣言された。コロネーション公園がある。

▲左 デリーでの足がわりになるオート・リキシャ。 ▲右 インドでは動物と人が共生する

## ग्रैंड ट्रंक रोड;
## グランド・トランク・ロード Grand Trunk Road ［★☆☆］

グランド・トランク・ロードは北インドを東西に結ぶ大動脈で、ムガル帝国時代以来の伝統をもつ街道となっている（街道を整備し、交通の往来を促進することで経済発展が進んだ）。この道はオールド・デリーの北側を走り、デリー東のアーグラ、バラナシ、コルカタへ伸びるほか、北西のラホール（パキスタン）からカブール（アフガニスタン）へ続き、南アジアの諸都市を結んできた。

# मजनू का तिल्ला：チベット人居住区 Majnu Ka Tilla［★☆☆］

オールド・デリー北側、ジャムナ河畔に位置するチベット人居住区。1959年のチベット動乱を機に、チベット最高指導者ダライ・ラマはインドに亡命し、多くのチベット人が続いた。このチベット人居住区はマジュヌ・カ・ティラと呼ばれ、ラダック仏教寺院やチベット料理店がならぶなどデリーのなかのチベットとも言える雰囲気をしている。

# 移りゆく権力と赤砂城砦

**INDIA 北インド**

1638年に着工し、1648年に完成したラール・キラ
ムガル最盛期に君臨した
シャー・ジャハーン帝の情熱が注がれた

### ムガル権勢を示す赤い城

オールド・デリーに都をおいたムガル帝国は、中央アジアに騎馬民族を出自とし、ペルシャ語で「モンゴル」を意味する（初代バーブル帝はチンギス・ハンとティムールの血をひく）。第3代アクバル帝、第4代ジャハンギール帝の時代にムガル帝国の繁栄は頂点をきわめ、続くシャー・ジャハーン帝の時代にタージ・マハル、ラール・キラなどの造営に帝国の莫大な資金が注ぎ込まれた。アーグラ城やバードシャーヒー・モスク（ラホール）などでも見られる、インドの赤砂岩と白大理石をもちいた巨大建築が次々に建てられることになった。

Old Delhi 移りゆく権力と赤砂の城砦

シャー・ジャハーン帝はその後半生、息子のアウラングゼーブ（第6代皇帝）に幽閉されてしまったため、シャー・ジャハナーバードの完成を見ることなく、亡くなっている。

## ムガル帝国の終焉

18世紀になるとムガル帝国は弱体化する一方、1757年のプラッシーの戦い以後、イギリスがインド支配を強めるようになっていた。イギリスへの不満が高まるなか、1857年、デリー北部のメーラトに駐屯するセポイ（イギリス軍に雇われたインド人傭兵）のあいだで、ヒンドゥー教徒やイスラム教徒が口にしては

**INDIA**
北インド

ならない牛やブタの脂が口でかみ切る銃の薬包に使われているという噂が流れた。任務を拒否して投獄されたセポイを他のセポイが救出したことでインド大反乱がはじまり、武装蜂起したセポイはムガル皇帝バハードゥル・シャー2世のいるデリーへ向かった。地方領主に過ぎなかったムガル皇帝はラール・キラでセポイたちと謁見し、イギリスに対する反乱軍の象徴として担ぎあげられた。やがてこの大反乱は鎮圧され、皇帝はミャンマーに流刑されて生涯を終えたことで、1862年、ムガル帝国は完全に滅亡することになった。やがてイギリスがインド支配を本格化し、コルカタからデリーへと支配拠点が遷された。

Old Delhi 移りゆく権力と赤砂の城砦

▲左 17世紀からこの街を見守ってきたラール・キラ。　▲右 ムガル帝国の治世下でインド・イスラム文化が花開いた

## インド政治の象徴的な場

200年に渡るイギリス統治をへて1947年8月15日に独立することになったインド。この独立にあたって、ガンジーやネルーが人々へ向けて演説を行なったのがラール・キラのラホール門で、以後、毎年8月14日深夜から8月15日かけて、この場所で独立記念式典が行なわれている。インド首相が「ジャイ・インド（インド万歳）」と唱え、インド国歌の斉唱が行なわれる。ムガル帝国の宮廷から、イギリス植民地、新生インドと、ラール・キラはインド政治の変遷を見守り、その象徴的な場所となっている。

## 参考文献

『多重都市デリー』(荒松雄 / 中央公論社)

『インド』(辛島昇 / 新潮社)

『北インド』(辛島昇・坂田貞二 / 山川出版社)

『インド建築案内』(神谷武夫 /TOTO 出版)

『世界の歴史 14 ムガル帝国から英領インドへ』(佐藤正哲、中里成章、水島司 / 中央公論社)

『都市形態の研究』(飯塚キヨ / 鹿島出版会)

『中世インドの権力と宗教』(荒松雄 / 岩波書店)

『インド大反乱一八五七年』(長崎暢子 / 中央公論社)

『南アジアを知る事典』(平凡社)

[PDF] デリー地下鉄路線図 http://machigotopub.com/pdf/delhimetro.pdf

[PDF] デリー空港案内 http://machigotopub.com/pdf/delhiairport.pdf

# まちごとパブリッシングの旅行ガイド

Machigoto INDIA , Machigoto ASIA , Machigoto CHINA

## 【北インド - まちごとインド】

001 はじめての北インド
002 はじめてのデリー
003 オールド・デリー
004 ニュー・デリー
005 南デリー
012 アーグラ
013 ファテープル・シークリー
014 バラナシ
015 サールナート
022 カージュラホ
032 アムリトサル

## 【西インド - まちごとインド】

001 はじめてのラジャスタン
002 ジャイプル
003 ジョードプル
004 ジャイサルメール
005 ウダイプル
006 アジメール（プシュカル）
007 ビカネール
008 シェカワティ
011 はじめてのマハラシュトラ
012 ムンバイ
013 プネー
014 アウランガバード
015 エローラ
016 アジャンタ
021 はじめてのグジャラート
022 アーメダバード
023 ヴァドダラー（チャンパネール）
024 ブジ（カッチ地方）

## 【東インド - まちごとインド】

002 コルカタ
012 ブッダガヤ

## 【南インド - まちごとインド】

001 はじめてのタミルナードゥ
002 チェンナイ
003 カーンチプラム
004 マハーバリプラム
005 タンジャヴール
006 クンバコナムとカーヴェリー・デルタ
007 ティルチラパッリ
008 マドゥライ
009 ラーメシュワラム
010 カニャークマリ
021 はじめてのケーララ
022 ティルヴァナンタプラム
023 バックウォーター（コッラム〜アラップーザ）
024 コーチ（コーチン）
025 トリシュール

## 【ネパール - まちごとアジア】

001 はじめてのカトマンズ
002 カトマンズ
003 スワヤンブナート

004 パタン
005 バクタプル
006 ポカラ
007 ルンビニ
008 チトワン国立公園

**【バングラデシュ - まちごとアジア】**

001 はじめてのバングラデシュ
002 ダッカ
003 バゲルハット（クルナ）
004 シュンドルボン
005 プティア
006 モハスタン（ボグラ）
007 パハルプール

**【パキスタン - まちごとアジア】**

002 フンザ
003 ギルギット（KKH）
004 ラホール
005 ハラッパ
006 ムルタン

**【イラン - まちごとアジア】**

001 はじめてのイラン
002 テヘラン
003 イスファハン
004 シーラーズ
005 ペルセポリス
006 パサルガダエ（ナグシェ・ロスタム）
007 ヤズド
008 チョガ・ザンビル（アフヴァーズ）
009 タブリーズ

010 アルダビール

**【北京 - まちごとチャイナ】**

001 はじめての北京
002 故宮（天安門広場）
003 胡同と旧皇城
004 天壇と旧崇文区
005 瑠璃廠と旧宣武区
006 王府井と市街東部
007 北京動物園と市街西部
008 頤和園と西山
009 盧溝橋と周口店
010 万里の長城と明十三陵

**【天津 - まちごとチャイナ】**

001 はじめての天津
002 天津市街
003 浜海新区と市街南部
004 薊県と清東陵

**【上海 - まちごとチャイナ】**

001 はじめての上海
002 浦東新区
003 外灘と南京東路
004 淮海路と市街西部
005 虹口と市街北部
006 上海郊外（龍華・七宝・松江・嘉定）
007 水郷地帯（朱家角・周荘・同里・角直）

## 【河北省 - まちごとチャイナ】

001 はじめての河北省
002 石家荘
003 秦皇島
004 承徳
005 張家口
006 保定
007 邯鄲

## 【江蘇省 - まちごとチャイナ】

001 はじめての江蘇省
002 はじめての蘇州
003 蘇州旧城
004 蘇州郊外と開発区
005 無錫
006 揚州
007 鎮江
008 はじめての南京
009 南京旧城
010 南京紫金山と下関
011 雨花台と南京郊外・開発区
012 徐州

## 【浙江省 - まちごとチャイナ】

001 はじめての浙江省
002 はじめての杭州
003 西湖と山林杭州
004 杭州旧城と開発区
005 紹興
006 はじめての寧波
007 寧波旧城
008 寧波郊外と開発区
009 普陀山
010 天台山
011 温州

## 【福建省 - まちごとチャイナ】

001 はじめての福建省
002 はじめての福州
003 福州旧城
004 福州郊外と開発区
005 武夷山
006 泉州
007 廈門
008 客家土楼

## 【広東省 - まちごとチャイナ】

001 はじめての広東省
002 はじめての広州
003 広州古城
004 天河と広州郊外
005 深圳（深セン）
006 東莞
007 開平（江門）
008 韶関
009 はじめての潮汕
010 潮州
011 汕頭

## 【遼寧省 - まちごとチャイナ】

001 はじめての遼寧省
002 はじめての大連
003 大連市街
004 旅順
005 金州新区

006 はじめての瀋陽
007 瀋陽故宮と旧市街
008 瀋陽駅と市街地
009 北陵と瀋陽郊外
010 撫順

## 【重慶 - まちごとチャイナ】

001 はじめての重慶
002 重慶市街
003 三峡下り（重慶〜宜昌）
004 大足

## 【香港 - まちごとチャイナ】

001 はじめての香港
002 中環と香港島北岸
003 上環と香港島南岸
004 尖沙咀と九龍市街
005 九龍城と九龍郊外
006 新界
007 ランタオ島と島嶼部

## 【マカオ - まちごとチャイナ】

001 はじめてのマカオ
002 セナド広場とマカオ中心部
003 媽閣廟とマカオ半島南部
004 東望洋山とマカオ半島北部
005 新口岸とタイパ・コロアン

## 【Juo-Mujin（電子書籍のみ）】

Juo-Mujin 香港縦横無尽
Juo-Mujin 北京縦横無尽
Juo-Mujin 上海縦横無尽

## 【自力旅游中国 Tabisuru CHINA】

001 バスに揺られて「自力で長城」
002 バスに揺られて「自力で石家荘」
003 バスに揺られて「自力で承徳」
004 船に揺られて「自力で普陀山」
005 バスに揺られて「自力で天台山」
006 バスに揺られて「自力で秦皇島」
007 バスに揺られて「自力で張家口」
008 バスに揺られて「自力で邯鄲」
009 バスに揺られて「自力で保定」
010 バスに揺られて「自力で清東陵」
011 バスに揺られて「自力で潮州」
012 バスに揺られて「自力で汕頭」
013 バスに揺られて「自力で温州」

【車輪はつばさ】
南インドのアイラヴァテシュワラ寺院には建築本体に車輪がついていて寺院に乗った神さまが人びとの想いを運ぶと言います。

・本書はオンデマンド印刷で作成されています。
・本書の内容に関するご意見、お問い合わせは、発行元の
　まちごとパブリッシング info@machigotopub.com までお願いします。

まちごとインド
北インド003オールド・デリー
〜旧城に息づく路地と「ざわめき」[モノクロノートブック版]

2017年11月14日　発行

| | |
|---|---|
| 著　者 | 「アジア城市（まち）案内」制作委員会 |
| 発行者 | 赤松　耕次 |
| 発行所 | まちごとパブリッシング株式会社<br>〒181-0013　東京都三鷹市下連雀4-4-36<br>URL http://www.machigotopub.com/ |
| 発売元 | 株式会社デジタルパブリッシングサービス<br>〒162-0812　東京都新宿区西五軒町11-13<br>清水ビル3F |
| 印刷・製本 | 株式会社デジタルパブリッシングサービス<br>URL http://www.d-pub.co.jp/ |

MP003

ISBN978-4-86143-137-1 C0326　　　Printed in Japan
本書の無断複製複写（コピー）は、著作権法上での例外を除き、禁じられています。